Michael von Graffenried : eye on africa

Fotografien aus Kamerun / Photographies du Cameroun / Photographs from Cameroon

Schwabe Verlag Basel

Danksagung / Remerciements / Acknowledgments

FAIRMED
ehemals Leprahilfe Emmaus Schweiz
anc. Aide aux Lépreux Emmaüs-Suisse
formerly Leprosy Relief Emmaus-Switzerland

Hélène Aye Mondo
Toni Besutti
Ruedi Bienz
Gerhard Blättler
Alioum Bouba
Albertine Bourget
Désiré Fomo
René Gardi
Marco Gyger
Jean Marie Mebéya
Emma McDonalds
Anna Opladen
Katiyeké Outebé
René Stähli
Juri Steiner
Alphonse Um Book
Dominique Uldry
Jacques Uldry
Charlotte von Graffenried
Galerie Esther Woerdehoff

Konzept / conception / concept
Michael von Graffenried, Paris

Übersetzungen / traductions / translations
Albertine Bourget, Michel Parisot, Peter Simson, Marianne Wackernagel

Graphische Gestaltung / conception graphique / graphic design
Gerhard Blättler, Bern

Gesamtherstellung / production / production
Schwabe AG, Druckerei, Muttenz/Basel

Printed in Switzerland

ISBN 978-3-7965-2582-7

www.schwabe.ch | www.mvgphoto.com

Vorwort

Passion en passant

Michael von Graffenried stellt seine Fotos wiederholt im öffentlichen Raum aus, da, wo sie alle sehen, wo sie sich gegen die Überreize der Strassenwerbung und die Blindheit müder Passanten behaupten müssen, wo sie den *courant normal* am besten stören. Und Michael von Graffenried behauptet sich gut in dieser schwierigen Atmosphäre, weiss, wie er seine komplexe Arbeit in Szene setzen muss. Denn wer sie gesehen hat, der erinnert sich auch Jahre später an sie zurück, an die Schwarzweissplakate beispielsweise, die 2003/04 das Leben und Vegetieren des schwerstdrogenabhängigen Pärchens Astrid und Peter öffentlich machten. Michael von Graffenried sucht Aufmerksamkeit, grösstmögliche Wahrnehmung und nimmt dabei den Kampf mit der Aussenraumwerbung auf, setzt sich und seine Arbeit der breiten Kritik und – noch schlimmer – dem Desinteresse aus. Über mangelnde Beachtung aber kann sich der in Paris lebende World-Press-Photo-Preisträger (1989) und Chevalier de l'Ordre des Arts et des Lettres (2006) nicht beklagen. Im Laufe der Zeit hat er sich mit seinen «Kampagnen» im Aussenraum und seinen regelmässigen Fotokolumnen in Zeitungen wie der *Weltwoche* und *Le Temps* den Ruf eines ebenso engagierten wie begabten Gesellschaftsfotografen geschaffen, über den man weniger in der Galerie oder im Museum, sondern in der Kaffeepause oder beim Warten auf den Bus redet, wie damals etwa, als er den von den jurassischen Béliers entführten Unspunnenstein in Belgien aufgestöbert hat.

Zur Herstellung von Öffentlichkeit hat Graffenried einen ganz spezifischen *modus operandi* entwickelt, der seinen Stil prägt und klar erkennbar macht. Meist sind seine Fotos im Panoramaformat aufgenommen, mit der Kamera vor dem Bauch schnell geschossen, um die Technik ja nicht vor das Sujet und das Sujet nicht vor den flüchtigen Moment zu stellen. Er selbst wirft sich dabei regelrecht ins Geschehen, schlägt schnell zu wie ein Taschendieb, der die Gunst der Situation *en passant* ausnützt.

Graffenrieds Passion des Sich-unter-die-Leute-Mischens, des Abpassens und Zupackens ist auf lebendige Sujets zugeschnitten, die er in Serien, Folgen und oft sogar in mehrjährigen Reportagen verfolgt. Menschen stehen im Zentrum, ihnen gehört seine ganze Aufmerksamkeit. Was sie gerade tun, ist dabei wichtiger als ihr Status; ihr Umfeld wird deutlich, dient aber mehr als Setting denn als die das Bild tragende Aussage. Michael von Graffenried ist ein ehemaliger Fotojournalist, der seinen berühmt gewordenen Recherchen Titel wie *Weltpanorama* oder *Swisspanorama* gegeben hat, dabei aber das Kolorit der Veduten nie über das Menschenbild legt. Zwar setzt er den Menschen in seinen Kontext, unterstellt ihn diesem aber nicht. Das gibt all den Fotografierten etwas Selbstbestimmtes und Freies. Krankt das klassische Panorama tendenziell an seiner Statik, so bleiben bei Graffenried die Personen darin dynamisch, wirkt das fotografische Moment wie gestohlen. Graffenrieds Momentaufnahmen verharren in der Schwebe zwischen dem eingefangenen Ausdruck, der Geste, dem Blick und dem unmittelbaren Zerfall oder Zerfliessen der Situation im Dekor. Auf diese Weise entsteht eine Art fotografischer Kubismus, der die Dreidimensionalität der Welt samt ihrer vierten Zeitdimension nicht einflacht, sondern mitspiegelt.

Und dieser Kubismus macht Michael von Graffenrieds Aufnahmen für gewisse Augen bereits politisch. Es ist, als ob die von ihm porträtierten Menschen sich zu ihrem Umfeld prekär oder kritisch verhalten würden, und zwar allein schon dadurch, dass sie nicht in Pose, sondern in Bewegung sind und dabei Graffenrieds Kamera ihr wahres Gesicht zeigen. Sie bleiben bewegt innerhalb eines wesentlich statischeren Umfelds, das sie in einen Rahmen einbindet und bestimmt und dem sie für Augenblicke entgleiten. Genau auf diese fragilen Augenblicke, in denen die Menschen authentisch wirken, hat es Michael von Graffenried abgesehen. Und diese Augenblicke verbinden uns alle, ob wir uns nun in der amerikanischen Provinz, in Algerien, in der Naturistenkolonie «die neue zeit» oder – wie bei der jüngsten, hier in Buchform vorliegenden Recherche – in Kamerun dabei erwischen lassen.

Juri Steiner, Direktor Zentrum Paul Klee

Préface

Passion en passant

Michael von Graffenried a coutume d'exposer ses photos sur l'espace public, aux endroits où tout le monde les voit, où elles doivent s'affirmer face aux sur-sollicitations de la publicité des rues comme à la cécité des passants fatigués, où elles peuvent le mieux perturber le courant normal. Et Graffenried s'affirme bien lui-même dans cette atmosphère difficile, sachant comment il doit mettre en scène son travail complexe. Car quiconque a pu le contempler s'en souvient en effet des années plus tard, comme par exemple de ces affiches en noir et blanc ayant dévoilé au public, en 2003/04, l'existence misérable d'Astrid et Peter, couple lourdement toxicomane. Graffenried recherche l'attention et la plus forte perception possible, engageant ainsi la lutte avec la publicité en espace extérieur, s'exposant lui-même et son travail à la critique tous azimuts, ou – plus grave encore – à l'absence d'intérêt. Ce n'est pourtant pas d'un manque de considération que pourrait se plaindre ce lauréat du Prix World Press Photo (1989), décoré du titre de chevalier de l'Ordre des Arts et des Lettres (2006), résidant à Paris. Au fil du temps, par ses «campagnes» en extérieur et ses colonnes photo régulières dans les journaux (tels que la *Weltwoche* ou *Le Temps*), il s'est acquis la réputation d'un photographe social aussi engagé que doué, qu'on évoque moins dans les galeries et les musées qu'au cours d'une pause-café ou dans les files d'attente aux arrêts de bus; comme ce jour où, en Belgique, il a déniché la pierre d'Unspunnen pré-cédemment subtilisée par les Béliers jurassiens.

Pour faire parler de lui, Graffenried a développé un *modus operandi* des plus spécifiques, marquant son style et le rendant clairement identifiable. Ses clichés sont pris le plus souvent en format panoramique, rapidement capturés par l'appareil posé sur le ventre, pour surtout ne pas placer la technique avant le sujet, ni le sujet avant l'instant fugitif. Ce faisant, lui-même se lance véritablement au cœur de l'événement et accomplit rapidement son coup, tel un pickpocket profitant *en passant* d'une situation.

Cette passion qu'a Graffenried de se fondre parmi les gens, de se mettre au guet et de saisir l'instant propice, est taillée sur mesure pour des sujets vivants, qu'il suit tout au long de séries ou de séquences, et souvent même de reportages sur plusieurs années. Il se focalise sur les hommes, auxquels est dédiée toute son attention. Ce qu'ils font au moment présent est ici plus important que leur statut; leur environnement devient distinct, mais tient davantage lieu de cadre que de message portant l'image. Michael von Graffenried est un ancien photojournaliste ayant donné à ses recherches, devenues célèbres, des titres tels que *Weltpanorama* ou *Swisspanorama*, mais sans jamais placer les coloris des vedutas au-dessus de l'idée de l'homme. Il place certes l'humain dans son contexte, mais sans le subordonner à ce dernier. Ce qui confère à toutes ses photographies quelque chose d'autodéterminé et de libre. Si le panorama classique a tendance à pâtir de son aspect statique, les personnes y demeurent dynamiques chez Graffenried, le moment photographique faisant l'effet d'être dérobé. Les clichés instantanés de Graffenried se figent comme en suspens entre l'expression capturée, le geste, le regard et l'imminence de la décomposition, ou de l'estompage, de la situation dans le décor. Il naît de cette manière un genre de cubisme photographique, qui n'aplatit pas la tridimensionnalité du monde en incluant sa quatrième dimension temporelle, mais la co-reflète. Un cubisme qui, pour certains yeux, rend déjà politiques les clichés de Graffenried. C'est comme si les gens portraiturés par lui allaient se comporter de manière précaire ou critique vis-à-vis de leur environnement, et ceci déjà du seul fait qu'ils ne posent pas mais bougent, montrant ici leur vrai visage à la caméra. Ils restent en mouvement à l'intérieur d'un entourage nettement plus statique, qui les enveloppe et les définit dans un cadre, auquel ils échappent pour quelques instants. Ce sont justement ces tranches de temps fugaces, durant lesquelles les hommes agissent authentiquement, que convoite Michael von Graffenried. Et ces instants nous relient tous, que nous nous laissions surprendre au fin fond de la province américaine, en Algérie, dans une colonie de naturistes ou, comme ici, au Cameroun.

Juri Steiner, Directeur du Centre Paul Klee

Foreword

Passion en passant

Michael von Graffenried frequently exhibits his photographs in public spaces, where everyone can see them and where they have to contend with competition from street advertising and combat the blindness of tired passers-by, and where they can best disturb the flow of the current. And Michael von Graffenried comes through well in this difficult atmosphere and knows how best to put his complex work in the pictures. Anyone who has seen them, remembers them even years later: the black-and-white posters on public billboards, for example, that publicised the life and degeneration of the heavily drug-dependent pair Astrid and Peter in 2003/04. Michael von Graffenried seeks attention, the widest possible appreciation of his work and takes up the challenge of on-street advertising, opens himself and his work to a wide body of criticism and – even worse – a lack of interest. The World Press Photo prize winner (1989) and Chevalier de l'Ordre des Arts et des Lettres (2006), who lives in Paris, cannot complain of lack of attention. Over the course of the years, his outdoor campaigns and his regular photographic columns in newspapers such as *Die Weltwoche* and *Le Temps* have created his reputation as a photographer of society, who is as committed as he is gifted, who is talked about less in galleries or museums and more during coffee breaks or while waiting for the bus, just like the time when he stumbled across the Unspunnenstein in Belgium after it had been kidnapped by the Jurassian Béliers.

To generate public awareness, Graffenried has created a very specific way of working that marks his style and makes it clearly recognizable. Most of his photographs have been taken quickly in panorama format, with the camera at stomach level, so that the technology does not outweigh the subject and the subject does not come before the fleeting moment. He throws himself into the action, strikes quickly like a pickpocket who seizes the opportunity of each situation as it arises.

To Graffenried, passion for mixing among people, waiting, watching and shooting, is well suited to living subjects, whom he follows in series, episodes and sometimes in reportages that cover several years. People come first, and he concentrates all his attention on them. What they are doing is more important than who they are, the environment is clearly represented, but serves more as a setting than a statement that carries the image. Michael von Graffenried started as a photojournalist, who has given his now-famous essays titles such as *World Panorama* or *Swiss Panorama* but never overlays the human image with the colours of nature. He sets his subjects in their contexts, but never makes them subject to it. All those photographed self-aware and free. If the classical panorama tends towards the static, in Graffenried's work the people retain their dynamism, and the photographic moment seems to have been stolen. Graffenried's fleeting images exist in the space between the captured impression, that gesture, the glimpse and their imminent breakdown and disappearance of the situation into the background. This method creates a type of photographic Cubism, which does not flatten the three-dimensionality of the world and its fourth dimension time, but reflects it.

It is this Cubism which makes Graffenried's images political to some eyes. It is as though the people he portrays behave in a precarious or critical attitude to their environments, simply because they are not posed but in movement and thus Graffenried's camera shows their true faces. They remain in movement, even in a significantly more static environment, which binds and holds them within a frame from which they can escape for only seconds. It is precisely the fragile moments in which people appear true to themselves which Michael von Graffenried seeks. And these are the moments that bind us all together, whether they are captured in provincial America, in Algeria, in a nudist colony or, as in this latest project, in Cameroon.

Juri Steiner, Director of the Paul Klee Centre

Über den Rahmen hinaus

I dreamt of Africa. Ein banaler Traum. Abendländisch. Aber macht ihre Banalität die Träume weniger wahr? Kamerun, so wollte es der Zufall. Ein Ort in der Realität, Schluss mit den Phantasien. Und doch ist es schwierig, sich von den Klischees zu befreien, wenn sie vor den Augen lebendig werden. Geräusche, Farben, Gerüche, alles ist fremd. *Nasara! Nasara! (Weisser Mensch! Weisser Mensch!)*, rufen uns die Kinder am Rand der staubigen Strassen zu. Ihre Augen werden noch grösser, wenn wir antworten. Als sich mein Aufenthalt dem Ende zuneigt, stehe ich perplex vor zwei bleichen Gestalten, die sich von der Menge abheben: europäische Touristen. Fast habe ich Lust, mit dem Finger auf das Paar zu zeigen und *Nasara! Nasara!* zu rufen.

Es kommt vor, dass die Babys in ängstliches Schluchzen ausbrechen, wenn sie uns kommen sehen. Weiss und fremd – da ist es schwierig, nicht aufzufallen, wir müssten schon unsichtbar werden. Trotz seiner Grösse gelingt es Michael, mit der Menge zu verschmelzen. Bald ist er hier, bald dort, immer in Bewegung. Als der Pygmäenhexer um das Feuer tanzt, tanzt Michael um ihn herum, um ihn einzufangen. Er erinnert mich an ein Chamäleon, das den rechten Augenblick abwartet, um seine Beute zu packen. Aber auch nicht zu lange zuwarten. Kaum ist sich das Opfer bewusst, dass es aufs Korn genommen wird, ist sein Bild schon im Kasten.

In Mokolo greift uns ein Mann an, als er Michael fotografieren sieht. Er wirft uns Rassismus vor, wir würden Afrika ausnutzen, wir, skrupellose Weisse. Im Nu sind wir von Neugierigen umringt. Ich möchte im Boden versinken. Mit einem Lächeln beginnt Michael zu plaudern. Innerhalb von fünf Minuten steckt er alle in die Tasche. Man muss schon ganz schön unverschämt sein, den Leuten einen Teil ihres Lebens wegzunehmen, seien es Kameruner, Algerier, Amerikaner oder Schweizer. Auch nur für ein Foto. Hier ist es einfacher. Das Recht am eigenen Bild ist keine vertraute Vorstellung. Nach meiner Rückkehr las ich den Ausspruch eines Fotografen, die Schulden seiner Berufsgenossen gegenüber Afrika könnten niemals ihrem eigentlichen Wert entsprechend zurückbezahlt werden. Wie wahr.

Aber da zu sein, zu erkennen, was für uns ausserordentlich ist, für die Kameruner ganz banal – ist das nicht die beste Möglichkeit zu teilen? Wieder daheim, bedeutet teilen, die Bilder zu zeigen, doch zuerst, an Ort und Stelle, sich mit den Menschen auszutauschen. Hier ist ein Foto eines der schönsten Geschenke.

Was könnten wir uns Schöneres als Vorwand für unser Eindringen erträumen als das Fotografieren? Uns öffnen sich die Türen. In einem Haus in Garoua beten die Männer, nach Mekka gewandt, auf dem Teppich des Salons, während im Fernseher Papst Benedikt XVI. auf die Menge einspricht. Wir sind zum Milchbrei eingeladen, mit dem das Fasten des Ramadan gebrochen wird. In den Bergen von Mandara lässt Stammeschef Katiyeké eine Ziege schlachten zu Ehren von Michael, der nach dreissig Jahren ins Dorf Membza zurückgekehrt ist. Als ich in Soulaidé ihr von Hirsestauden umgebenes Häuschen verlasse, ruft mir die alte, leprakranke Fanta zu, ich solle mich zum Abschied mit *arachides* eindecken. Ich kann noch so sehr um mich blicken, ich sehe keine, da bückt sich ihr Sohn und zieht eine Pflanze zu meinen Füssen aus dem Boden, Erdnüsse eben.

Abenteuerlust oder Lust auf Begegnung, ich weiss nicht, was für Michael wichtiger ist. Beides vermischt sich. Wer davon profitieren kann, darf sich glücklich schätzen. Zurück in Europa, erreicht mich eine wehmütige Nachricht: «Das Abenteuer fehlt mir.» Sie stammt von Alioum, unserem Begleiter, einem Peul, der bei Michaels Ermahnungen stets gelassen geblieben ist, den weder annullierte Flüge noch allzu geldgierige Zöllner oder Reifenpannen mitten in der Nacht aus der Ruhe bringen. Einzig über den Fatalismus, diese hier so verbreitete Seuche, wie er es nennt, kann er sich aufregen: «Die Leute schieben immer alles dem lieben Gott in die

Schuhe. Kommst du zu unserer Verabredung, ja oder nein? *Inschallah*, so Gott will! Nein, *inschallah* hat damit nichts zu tun. Ich möchte wissen, ob du kommst oder nicht!»

Schicksal oder nicht, man muss akzeptieren, nicht alles kontrollieren zu können. «Hab Vertrauen!», sagt mir Michael immer wieder. Also akzeptiere ich, hinter zwei Unbekannten auf ein Motorrad zu klettern und zu dritt den Bergpisten entlang zu kurven. Im Tropenwald Raupen zu sammeln. Das Geisslein zu verzehren, das ich wenige Stunden zuvor gestreichelt habe. Das Hotelpersonal, auf meinen Aufschrei hin herbeigerannt, lachen zu sehen, als mich der Leguan, dem ich Brot hingeworfen habe, anspringt. Die Geduld nicht zu verlieren, während ein Unbekannter das Auto im Dunkeln mit einem simplen Draht flickt. Der kleinen Sabine, die so hungrig ist, dass sie sich an einer toten Maus gütlich tut, nichts anderes schenken zu können, als ihr scheues Lächeln im Rückspiegel des Autos zu erwidern.

Alioum, selbst Mohammedaner, lauschte wie wir mit offenem Mund den Hexengeschichten, die in einer Animistenhütte zum Besten gegeben wurden. Er nahm mit mir an einer katholischen Messe unter freiem Himmel teil, während der eine weisse Missionarin mit den Gläubigen schimpfte, als wären sie Kinder. «Am Ende rennen alle demselben Gott nach», kommentierte er. Die Säufer verachtend, nahm er uns in das Beizenviertel von Maroua auf ein Hirsebier mit. Dort verbot ein beschwipster Polizist Michael das Fotografieren, bevor er sich zu uns setzte und meine Kalebasse leerte. Ich fühle mich an einen Ausspruch des Philosophen Hubert Ndono Djama erinnert, den ich im Fernsehen aufschnappte: «Unser Aids ist die Korruption.»

Gelegentlich frage ich mich, wenn ich Michael auf den Auslöser drücken sehe, was er wohl fotografiert: Ich sehe nichts. Für ihn ist alles Materie. Oder fast alles. Die offensichtlichsten Sujets, die kleinen Kinder, Giraffen, prächtigen Landschaften, überlässt er anderen. Er sucht nach dem Alltäglichen, dem Banalen. Wenn er könnte, würde er die ganze Zeit fotografieren. Das Panoramaformat ist nichts anderes als Völlerei, es erlaubt ihm, alles auf einen Blick zu erfassen. Für den Betrachter ist dies frustrierend. Wo sind die Frauen, die ihre Lasten auf dem Kopf und die Babys auf dem Rücken tragen? Wo die Strassen voller Menschen, Fahrzeuge, Tiere, die Kinder, die sich vors Objektiv drängen, die *boukarous*, jene Rundhütten, auf denen Melonen wachsen?

Doch schau nur genau hin. Alles ist da. Ist nicht Kamerun in dieser *jeunesse dorée*, die zu einem Rockkonzert strömt, zu erkennen oder in der Pfiffigkeit derjenigen, die mit blossen Händen wiederverwendbare Reste einer niedergewalzten Barackensiedlung davontragen? Wird der Zusammenprall der Kulturen nicht sichtbar in diesen Händlern, die die abgelegten Kleider der Westler verkaufen? Ist das Zusammenleben der Religionen nicht Kamerun – die Ordensschwestern, die aus der Messe kommen, und die Muslime auf der Strasse in Maroua? Zeugen diese Masken und Tänze nicht vom Animismus und von der Magie, die immer noch lebendig sind? Wird beim Anblick der Frauen, die sich vor dem Sultan verbeugen, nicht sichtbar, wie Tradition hochgehalten wird? Die Liebe zum Fussball, die Kindheit, die Farben, die rote Erde, die Gewänder, die Kontraste, die Entwicklung?

Zusammen erzählen diese Bilder eine Geschichte. Sie geben nicht vor, alles zu zeigen. Man bräuchte ein ganzes Leben, um die Komplexität und Facetten dieses Landes mit seinen 250 Ethnien und 17 Millionen Einwohnern zu beschreiben. Angesichts dieses subjektiven Blicks ist es jedem überlassen, sich die Fortsetzung selbst auszumalen, sich vorzustellen, was ausserhalb der Bildgrenzen liegt. Manchmal kommt mir Kamerun wie ein Traum vor. Dann öffne ich die Augen, schaue die Bilder an und weiss: Es ist Realität.

Albertine Bourget, Januar 2009

Au delà du cadre

I dreamt of Africa. Un rêve banal. Occidental. Mais la banalité des rêves les rend-elle moins vrais? Le hasard a voulu que ce soit le Cameroun. Place au réel, finis les fantasmes. Difficile pourtant de se défaire des clichés quand ils prennent vie sous vos yeux. Sons, couleurs, odeurs, le dépaysement est total. *Nasara! Nasara! (Homme blanc! Homme blanc!),* nous crient les enfants depuis les bords des routes poussiéreuses. Leurs yeux s'agrandissent encore quand nous répondons. Alors que mon séjour touche à sa fin, je reste interdite devant deux fantômes pâles qui se détachent dans la foule: un couple de touristes européens. J'ai presque envie de pointer du doigt et de crier *Nasara! Nasara!*

Parfois, en nous voyant arriver, les bébés éclatent en sanglots terrifiés. Blancs et étrangers, difficile pour nous de nous faire discrets, alors qu'il nous faudrait nous effacer. Mais malgré sa grande taille, Michael parvient à se fondre dans la foule. Il tourne, se déplace, toujours en mouvement. Quand le sorcier pygmée danse autour du feu, Michael danse autour de lui pour l'attraper. Il me fait penser à un caméléon, qui attend le bon moment pour saisir sa proie. Mais pas trop longtemps non plus. A peine la victime se rend-elle compte qu'elle va être prise au piège que l'image est déjà dans la boîte.

A Mokolo, un homme nous agresse en voyant Michael prendre des photos. Il nous accuse de racisme, de profiter de l'Afrique, nous les Blancs sans scrupules. Un groupe de curieux se forme en un instant autour de nous. J'ai envie de disparaître. Michael palabre avec le sourire. En cinq minutes, il met tout le monde dans sa poche. Il faut un sacré culot pour prendre aux gens, qu'ils soient camerounais, algériens, américains ou suisses, une part de leur vie. Ne fût-ce qu'une photo. Ici, c'est plus facile. Le droit à l'image reste un concept trop lointain. Une fois rentrée, j'ai lu la phrase d'un photographe qui disait que la dette de ses confrères envers l'Afrique ne pourrait jamais être payée à sa juste valeur. C'est vrai.

Mais être là, surprendre ce qui est pour nous extraordinaire, pour les Camerounais ordinaire, n'est-ce pas aussi la meilleure manière de partager? Partager au retour, en montrant les images. Mais partager d'abord et avant tout sur place. Offrir une photo, ici, c'est le plus beau des cadeaux.

La photographie, quel prétexte rêvé pour pénétrer ce monde où nous sommes des intrus! Devant nous, les portes s'ouvrent. Dans une maison de Garoua, les hommes, tournés vers La Mecque, prient sur le tapis du salon, sous les yeux du pape Benoît XVI qui harangue les foules sur l'écran de télévision. Nous partageons la bouillie de lait qui rompt le jeûne du Ramadan. Dans les monts du Mandara, le chef Katiyeké fait égorger une chèvre en l'honneur de Michael, de retour au village de Membza après trente ans d'absence. A Soulaidé, alors que je quitte sa maisonnette entourée de hauts épis de mil, Fanta, une vieille femme atteinte de la lèpre, me crie de me servir d'arachides en cadeau d'adieu. J'ai beau regarder autour de moi, je ne les vois pas, lorsque son fils se baisse et en arrache un plant de sous mes pieds. *Erdnüsse*, les noix de la terre.

Soif d'aventure ou soif de rencontre, j'ignore laquelle est la plus forte pour Michael. Les deux se mêlent. Heureux sont ceux qui en profitent. De retour en Europe, je reçois un message nostalgique d'Alioum: «L'aventure me manque.» Notre compagnon de l'ethnie peul, resté stoïque devant les exhortations de Michael. Il a refusé de perdre son calme devant les vols annulés, les douaniers trop insistants, les crevaisons en pleine nuit. Seul le fatalisme, une maladie trop répandue ici selon lui, l'agace. «Les gens mettent toujours tout sur le dos de Dieu. Tu viens au rendez-vous, ou pas? *Inch Allah*, si Dieu le veut! Ben non, il n'y a pas de *Inch Allah* qui tienne. Moi, je veux savoir si tu viens ou pas!»

Destin ou pas, il faut accepter de ne pas tout maîtriser. «Aie confiance!», me répète Michael. Alors j'accepte de grimper derrière deux inconnus sur une mobylette qui file sur les raidillons de montagne. De ramasser des chenilles dans la forêt équatoriale. De manger le chevreau que j'ai câliné quelques heures plus tôt. De voir rire le personnel de l'hôtel accouru au son de mes hurlements quand l'iguane auquel je lançais du pain a fini par me sauter dessus. De patienter dans la pénombre pendant qu'un inconnu répare la voiture avec un simple fil de fer. De ne pouvoir offrir à la petite Sabine, qui a si faim qu'elle se régale d'une souris retrouvée morte, que le reflet de son sourire timide dans le rétroviseur de la voiture.

Alioum le musulman a comme nous écouté bouche bée les récits de sorcellerie partagés dans une case animiste. Il s'est assis avec moi pendant une messe catholique en plein air où une missionnaire blanche grondait les fidèles comme des enfants. «Pour finir, on court tous après le même Dieu», a-t-il conclu. En maugréant contre les «soûlards», il nous a emmenés goûter la bière de mil dans le quartier des buvettes de Maroua. Là, un policier éméché a interdit à Michael de prendre des photos, avant de s'asseoir avec nous pour vider ma calebasse. Je repense à une phrase entendue au vol à la télévision, d'un philosophe, Hubert Ndono Djama: «Notre sida à nous, c'est la corruption.»

Parfois, en voyant Michael appuyer sur le déclencheur, je me demande ce qu'il peut bien photographier: je ne vois rien, moi. C'est que pour lui, tout est matière. Enfin, presque. Les sujets les plus attendus, les bébés, les girafes, les somptueux paysages, il les laisse à d'autres. Il veut du quotidien, du banal en somme. S'il pouvait, il photographierait tout le temps. Le panoramique, ce n'est rien d'autre que de la gourmandise, un format qui lui permet de tout balayer d'un regard. Pour le spectateur, c'est frustrant. Où sont les femmes qui portent leur charge sur la tête et les bébés sur le dos? Où sont les routes et leur chaos de gens, de véhicules et de bétail, les enfants qui se pressent devant l'objectif, les *boukarous*, ces cases rondes sur lesquelles poussent les melons?

Mais regarde bien. Tout est là. Ne vois-tu pas le Cameroun dans cette jeunesse dorée qui se rend à un concert de rock, dans la débrouillardise de ceux qui emportent à mains nues les restes d'un bidonville rasé? Ne vois-tu pas le choc des cultures dans ces vendeurs de fringues mises au rebut par les Occidentaux? Ne vois-tu pas la cohabitation des religions dans ces sœurs qui sortent de la messe et les musulmans de Maroua? Ne vois-tu pas l'animisme et la magie toujours puissants dans ces masques et ces danses? Ne vois-tu pas la tradition devant ces femmes qui saluent le sultan? L'amour du football, l'enfance, les couleurs, la terre rouge, les costumes, les contrastes, le développement?

Ensemble, ces images racontent une histoire. Elles ne prétendent pas être exhaustives. Il faudrait une vie pour dire la complexité et les facettes de ce pays aux 250 ethnies et aux 17 millions d'habitants. Devant ce regard subjectif, à chacun de se raconter la suite, d'imaginer tout ce qui n'est pas dans le cadre. Parfois, je me dis que le Cameroun n'était qu'un rêve. Mais j'ouvre les yeux, je regarde les images et je sais: c'est la réalité.

Albertine Bourget, janvier 2009

Beyond the frame

I dreamt of Africa. A banal dream, that of a Westerner. But does the banality of dreams make them any less true? Chance settled for Cameroon. No more fantasies, time for reality. And yet how hard it is to leave the clichés behind when they come alive before your very eyes. Sounds, smells, colours: the change of scenery is absolute. *Nasara! Nasara! (White man! White man!)*, call the children from the sides of the dusty roads. Their eyes open even wider when we answer back. As my stay comes to an end, I am taken aback by the sight of two pale ghosts: a couple of Western tourists. I have to stop myself from pointing and shouting *Nasara! Nasara!*

Sometimes, our arrival is greeted by the sobs of terrified babies. Being discreet proves difficult for us white Westerners, when we really should fade away. However, despite his height, Michael manages to merge into the crowd. He never keeps still, he is always moving and turning. When the pygmy healer dances around the fire, Michael dances around him in an attempt to catch him. He reminds me of a chameleon on the lookout for the right moment to seize its prey. But not too long either: when the victim realizes it is going to be trapped, the image has already been made.

In Mokolo, a man attacks us when he sees Michael using his camera. He accuses us, unscrupulous Whites, of exploiting Africa. In a jiffy, we are surrounded by curious bystanders. I wish I could disappear into the ground. Michael remains unfazed and talks his way out of the situation with a smile. Within five minutes, he has everyone on his side. What cheek! Snatching from total strangers, be they from Cameroon, Algeria, America or Switzerland, an instant of their lives. Never mind if it is only a picture. In Cameroon, it is easier. The right to one's image remains a vague, faraway concept. Back home, I read about a photographer who said that the debt of his fellowmen to Africa could never be fully repaid. How true.

And yet, to be here, to witness what is to us extraordinary, to the people of Cameroon ordinary, is that not, too, the best way to share? To show the photographs to those at home is to share. But first and foremost, we may share on the spot, by being there and lapping it all up. And offering a picture, here, is a most valued gift.

Photography is the perfect excuse to enter the dream, this world where we do not belong. Doors open before us. In a house in Garoua, the men, turned towards Mecca, pray on the living-room rug, while Pope Benedict XVI addresses the crowds on the television screen. With them, we share the milk gruel that breaks the Ramadan fast. In the Mandara mountains, chief Katiyeké has a goat slaughtered to honour Michael's coming back to the village of Membza after a thirty-year absence. In Soulaidé, as I am leaving her tiny house hidden in the millet, Fanta, an old woman sick with leprosy, bids me in a shout to help myself to *arachides* as a parting gift. At a loss, I look around me when her son bends down to rip a seedling from under my feet. Groundnuts, as it happens.

A thirst for adventure, or a thirst for encounter? I cannot say which drives Michael more. Both are essential to him, and happy are those who benefit from them. On my return to Europe, I get a nostalgic message from Alioum: "I miss the adventure." Our Peul companion, he took Michael's occasional scolding on the chin and refused to lose his calm before the cancelled flights, the overbearing customs-officers or the punctures in the dead of night. He only gets mad when confronted with fatalism, a pernicious local disease, he thinks. "People always pin everything on God. Are you coming to our meeting, or not? *Inch Allah*, God willing! No, there is no *Inch Allah* that holds here! I want to know whether you are coming or not!"

Fate or not, one has to accept the impossibility of total control. "Have trust!", Michael keeps telling me. So I agree to climb behind two strangers on a motorbike that speeds away on steep mountain paths. To pick caterpillars in the equatorial forest. To eat the kid I was stroking a few hours earlier. To be laughed at by the hotel personnel alerted by my screams when the iguana I was feeding bread to finally jumped on me. To wait in the dark while a stranger fixes our dying car with a bit of wire. To have nothing else to offer little Sabine, so hungry she feasted on a dead mouse found on the ground, but the reflection of her timid smile in the rear-view mirror of the car.

With us, Alioum, the Muslim, listened wide-eyed to stories of curses exchanged in an animist hut. He sat beside me during an open-air Catholic mass while a white missionary scolded the congregation like children. "In the end, we are all running after the same God", he said. Berating the "drunkards", Alioum brought us along to taste beer made of millet in Maroua's drinking spot. There, a tipsy policeman forbade Michael to take pictures before he joined us and emptied my calabash. I thought of a statement made on television by a philosopher, Hubert Ndono Djama: "Our Aids is corruption."

Sometimes, when I see Michael hit the shutter, I wonder what exactly he is photographing: I, for one, can see nothing. But for him, everything is his material. Well, almost. The most obvious themes, the babies, the giraffes, the amazing scenery, he leaves to others. He wants the ordinary, the banal. If he could, he would photograph all the time. The panoramic format is no less than a form of greed that enables him to sweep over the whole situation. For the spectator, it can be frustrating. Where are the women bearing their load on their head and babies on their back? Where are the roads and their chaos of people, vehicles and cattle, the children that gather around the lens? Where are the *boukarous*, the round huts where melons sprout from the roofs?

But look closer. It's all there. Can't you see Cameroon in this *jeunesse dorée* at a rock concert? Aren't the bare-handed pickers amidst the rubble of a cleared slum resourceful? Can't you see the cultural clash in the street sellers of clothes discarded by the West? Can't you see the cohabitation of religions in the nuns coming out of mass and the Muslims of Maroua, the magic and animism that are still so powerful in the masks and dances? Can't you see how alive their tradition is when the women kneel before the sultan? Can't you see the love of football, the children, the colours, the red earth, the costumes, the contrasts, the changes?

All together, these images tell a story. They do not claim to be exhaustive. It would take a life-time to embrace the complexity of this continent of 17 million inhabitants with its 250 ethnic groups. Given this subjective eye, it is anyone's guess what lies in store, to imagine what is not in the frame. Sometimes, I think Cameroon was just a dream. But when I open my eyes and look at the pictures, I know: it is reality.

Albertine Bourget, January 2009

COULEURS URBAINES
G-UNIT

LIMENTATION
PHOENIX

JETZT DREH
ICH AUF

10

PRESIDENCE DE LA REPUBLIQUE
DELEGATION GENERALE A LA SURETE NATIONA
SERVICE PROVINCIAL DE LA SURETE NATIONALE DU LITT
COMMISSARIAT CENTRAL DE DOUA
GMI
2
YOKO B. Hervé
Commissaire de Police

OU 3521 C

RENAISSANCE
BOUTIQUE
COMMERCE GENERAL
NESCAFÉ
BOUTIQUE

TOYOTA

VEHICULE TRANSPORT
TROUPE
BASE NAVALE
DE DOUALA

ONDU FEST
DU 29 JUI
NSOR OFFICIEL

SHINE

adidas

LT 1632 M
CMR SU 0388 B
XLi 16VALVE
TOYOTA
STOP

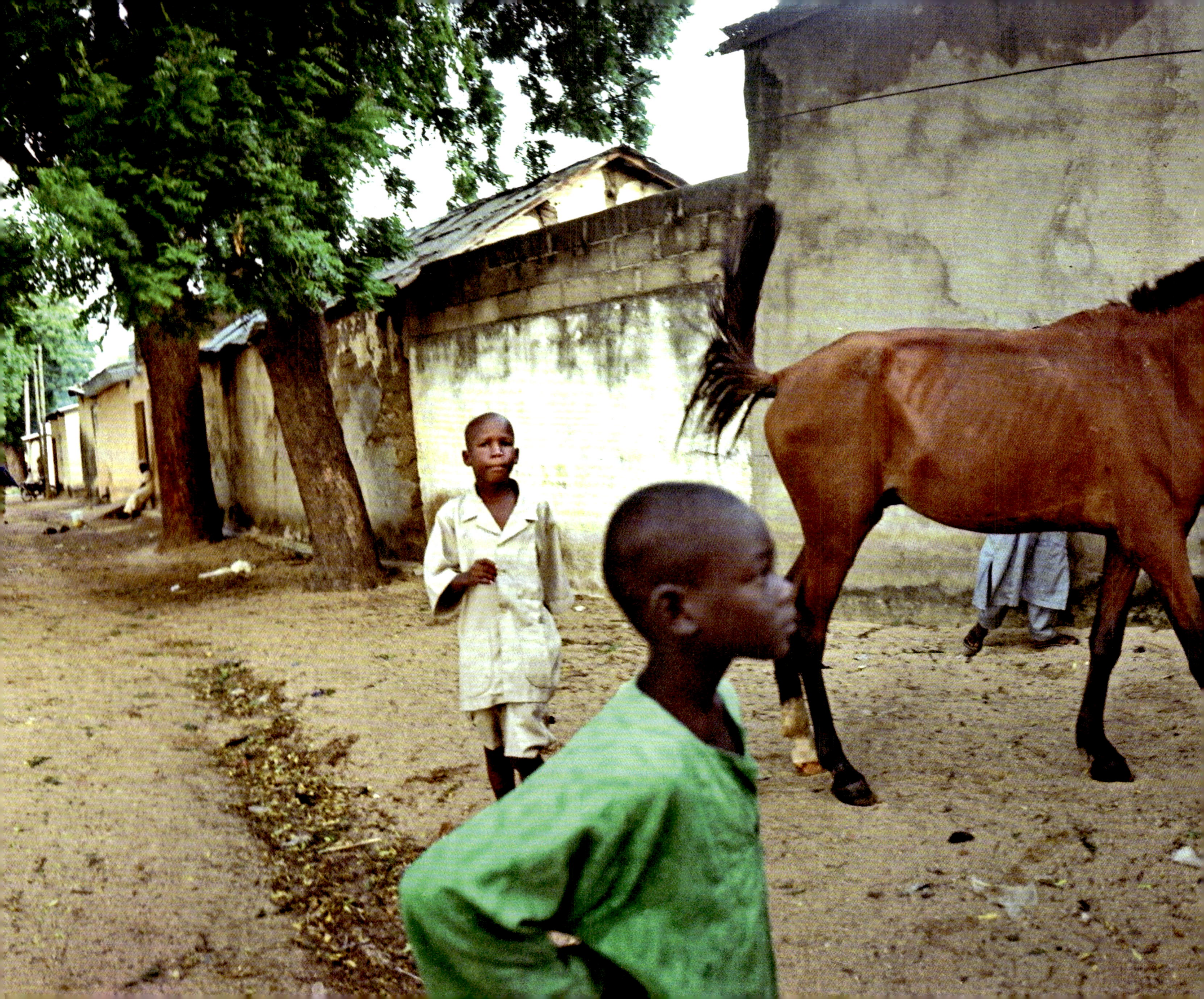

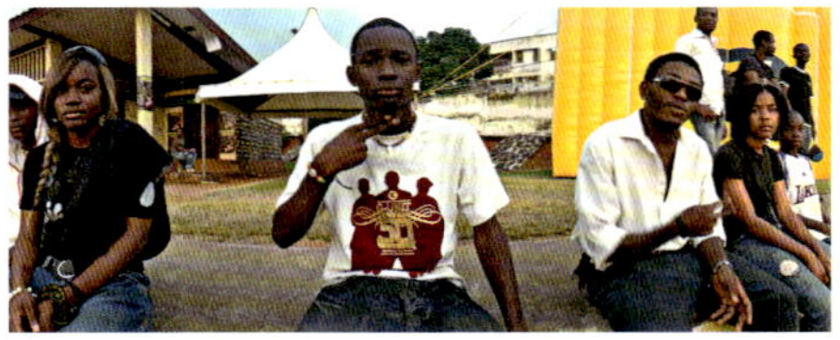

1 Openair-Musikfestival «Couleurs Urbaines», Yaoundé, Kamerun, 19. Juni 2008 / *Festival «Couleurs Urbaines», Yaoundé, Cameroun, le 19 juin 2008* / "Couleurs Urbaines" music festival, Yaoundé, Cameroon, June 19, 2008

2 Abbruch eines Armenviertels, Yaoundé / *Bidonville rasé à Yaoundé* / Cleared slum in Yaoundé

3 Grossverteiler von importierter Gebrauchtkleidung, Markt von Mboppi, Douala / *Ballots de vêtements d'occasion importés, marché de Mboppi, Douala* / Imported second-hand clothes on the Mboppi market, Douala

4 Jogger in Bafoussam, West-Kamerun / *Jogging à Bafoussam, Région de l'Ouest* / Jogging in Bafoussam, West Region

5 Polizei- und Armeeangehörige grüssen den Gouverneur von Douala / *Salut des membres de la Force armée au gouverneur de Douala* / Members of the Armed Forces saluting the Douala Governor

6 Sandarbeiter im Sanaga-Fluss, Ebeda-Brücke, Strasse Yaoundé–Bafoussam / *Extraction du sable du fleuve Sanaga près du pont d'Ebeda, entre Yaoundé et Bafoussam* / Sand workers on the Sanaga River by the Ebeda bridge, on the road from Yaoundé to Bafoussam

7 Altkleiderverkäufer in Bafoussam / *Vendeurs de rue à Bafoussam* / Selling second-hand clothes on the streets of Bafoussam

8 Ankunft der High-Society-Damen zur Einsetzung des Präfekten von Wouri, Douala / *Des invitées de la bourgeoisie arrivent à la cérémonie d'investiture du préfet de Wouri, Douala* / Arrival of high-society guests at the swearing-in ceremony of the Wouri Prefect, Douala

9 Polizeigrenadiere, Douala / *Police anti-émeutes, Douala* / Riot police, Douala

10 Vorbereitung für die Einsetzungszeremonie des Präfekten von Wouri, Douala / *Les danseurs se préparent pour la cérémonie d'investiture du préfet de Wouri, Douala* / Performers getting ready for the swearing-in ceremony of the Wouri Prefect

11 Wahl der Miss Ening Beti am Festival der Urwaldvölker in Yaoundé, 29. Juli 2008 / *Festival Culturel des Peuples de la forêt équatoriale Ening Beti, Yaoundé, le 29 juillet 2008* / Ening Beti Festival for the people of the equatorial forest, Yaoundé, July 29, 2008

12 Bauarbeiter in Bamenda / *Ouvriers à Bamenda* / Construction workers, Bamenda

13 Nach der Sonntagsmesse in Kekem an der Strasse von Bafang nach Douala / *Après la messe du dimanche à Kékem, sur la route de Bafang à Douala* / Sunday service in Kekem, on the road from Bafang to Douala

14 Waschstrasse für Motorradtaxis, Bamenda / *Lavage des moto-taxis à Bamenda* / Moto taxi wash in Bamenda

15 Sonnenuntergang am Atlantischen Ozean in Kribi, der «Riviera von Kamerun» / *Coucher de soleil sur l'océan à Kribi, la «riviera du Cameroun»* / Ocean sunset in Kribi, the country's Riviera

16 Fussballtraining in Yaoundé / *Entraînement de football à Yaoundé* / Football training in Yaoundé

17 Fischer auf dem Nyong beim Dorf Nguida-Minfolo / *Pêcheurs sur la rivière Nyong près de Nguida-Minfolo* / Fishing on the Nyong River near Nguida-Minfolo

18 Hochzeitskapelle in Kekem auf dem Weg von Bafang nach Douala / *Fanfare de mariage à Kékem, sur la route de Bafang à Douala* / Wedding band in Kekem, on the road from Bafang to Douala

19 Baka-Pygmäen im Urwald bei Abong Mbang, Ost-Kamerun / *Pygmées Baka dans la forêt équatoriale près d'Abong Mbang, Région de l'Est* / Baka pygmies in the equatorial forest near Abong Mbang, East Region

20 Baka-Knabe im Urwald, Ost-Kamerun / *Garçon Baka dans la forêt équatoriale, Région de l'Est* / Baka boy in the equatorial forest, East Region

21 Frühmorgens im Lager der Baka-Pygmäen bei Abong Mbang, Ost-Kamerun / *A l'aube, dans un camp de pygmées Baka près d'Abong Mbang, Région de l'Est* / Early morning in a Baka pygmy camp near Abong Mbang, East Region

22 Traditioneller Medizinmann der Baka-Pygmäen im Urwald, Ost-Kamerun / *Guérisseur pygmée dans la forêt équatoriale, Région de l'Est* / Pygmy medicine man in the equatorial forest, East Region

23 Baka-Jugendliche waschen sich im Fluss, bei Abong Mbang, Ost-Kamerun / *Toilette de jeunes Baka près d'Abong Mbang, Région de l'Est* / Young Bakas washing near Abong Mbang, East Region

24 Verbeugung für den Sultan von Foumban / *Les femmes s'inclinent devant le sultan de Foumban* / Paying homage to the Sultan of Foumban

25 Autounfall auf der Strasse nach Wum, Nordwest-Kamerun / *Accident sur la route de Wum, Région du Nord-Ouest* / Car accident on the road to Wum, North West Region

26 Der Djoudjou erschreckt die Leute an einer Beerdigung in der Nähe von Wum, Nordwest-Kamerun / *Le djoudjou apparaît aux enterrements pour effrayer les vivants. Près de Wum, Région du Nord-Ouest* / The djoudjou appears at funerals to scare the living. Near Wum, North West Region

27 Beerdigung in der Nähe von Wum, Nordwest-Kamerun / *Danse funèbre à un enterrement près de Wum, Région du Nord-Ouest* / Funeral dance near Wum, North West Region

28 Zubereitung des Leichenessens an einer Beerdigung in der Nähe von Wum, Nordwest-Kamerun / *Préparation du festin des funérailles à un enterrement près de Wum, Région du Nord-Ouest* / Funeral feast preparation at a burial near Wum, North West Region

29 In den Strassen Marouas, Nord-Kamerun / *Dans les rues de Maroua, Région du Nord* / In the streets of Maroua, North Region

30 Auf dem Heimweg von der Schule in der Nähe von Mokolo, Nord-Kamerun / *De retour de l'école près de Mokolo, Région du Nord* / Back from school in the Mokolo area, North Region

31 Die Verzierung der Kalebasse auf dem Kopf verrät den Zivilstand der Kirdi-Frauen. Markt von Tourou, Extremer Norden / *Les coiffes de calebasse des femmes Kirdi indiquent leur statut marital. Marché de Tourou, Région de l'Extrême-Nord* / The Kirdi women calabash-headwear indicates their marital status. Tourou market, Far North Region

32 Bei Membza, Mandara-Berge, Extremer Norden / *Près de Membza, Monts du Mandara, Région de l'Extrême-Nord* / Near the village of Membza, Mandara Mountains, Far North Region

Alle Fotos wurden im Juli bis September 2008 in Kamerun aufgenommen / Toutes les photographies ont été prises entre juillet et septembre 2008 au Cameroun / All photographs were taken between July and September 2008 in Cameroon

Das Signet des 1488 gegründeten
Druck- und Verlagshauses Schwabe
reicht zurück in die Anfänge der
Buchdruckerkunst und stammt aus
dem Umkreis von Hans Holbein.
Es ist die Druckermarke der Petri;
sie illustriert die Bibelstelle
Jeremia 23,29: «Ist nicht mein Wort
wie Feuer, spricht der Herr,
und wie ein Hammer, der Felsen
zerschmettert?»